Impressum

Text: Katrin Hecker
Fotos: Frank Hecker
Umschlaggestaltung: GrafikwerkFreiburg
Druck und Verarbeitung: Polygraf Print, Slowakei

978-3-8388-3585-3
Art.-Nr. 3585

© 2015 Christophorus Verlag GmbH & Co. KG
Freiburg

RAUS in die NATUR

Inhalt

Kreativ in der Natur

Tiere in der Natur

Köstliches und Heilsames aus der Natur

Kreativ

in der Natur

Wir bauen Wohnungen für Wildbienen

Für ein Wildbienen-Hotel ist überall Platz, egal ob im Kindergarten, auf dem Balkon oder im Schulgarten.

▼ Jedes Loch ist eine Wohnung. Dort kann eine Wildbiene einziehen.

◄ Beim Akkubohrer helfen natürlich die Großen mit.

◄ Wer möchte, kann die Holzscheibe bunt anmalen.

Was hängt denn da am Haus? In den Kästen wachsen Wildbienen heran! Die Tiere finden nicht mehr genug Nistplätze und brauchen Hilfe.

Baumscheibe mit Löchern

Mit einem Akkubohrer bohrt ihr Löcher in eine getrocknete Baumscheibe. Lasst euch dabei von einem Erwachsenen helfen! Die Löcher sollten einen Durchmesser von zwei bis 10 Millimeter haben und ungefähr fünf Zentimeter tief sein. Achtet darauf, dass ihr die Scheibe nicht durchbohrt! Hängt die Scheibe unter einem Vordach auf, damit sie vor Regen geschützt ist.

- eine getrocknete Baumscheibe
- einen Akkubohrer
- einen Pinsel und Farben

Häuser aus Lehm

In einen Blumentopf oder in eine Holzkiste stampft ihr feuchten Lehm. Dann pikst ihr mit Stöckchen unterschiedlich große Löcher hinein. Lasst den Lehm trocknen.

Wenn der Lehm trocken ist, könnt ihr das fertige Häuschen an einem regengeschützten Platz aufstellen.

IHR BRAUCHT

- einen Eimer voll mit feuchtem Lehm oder Ton
- große Blumentöpfe oder Holzkisten
- große Holzstücke zum Stampfen
- kleine Stöckchen

▲ Wenn der Lehm ganz fest gestampft ist, könnt ihr mit kleinen Stöckchen Löcher als Wohnungen hineinpiksen.

Stängel-Wohnungen

Schneidet die Stängel in ungefähr 60 Zentimeter lange Stäbe. Dann bindet ihr sie mit Draht oder Schnur zusammen. Ihr könnt sie auch einfach in eine Röhre schieben!

In diesen Stängel ist schon eine Biene eingezgen! ▼

Mit einer starken Schere könnt ihr die Stängel klein schneiden. ▶

- hohle Stängel,
  z.B. Schilf, Bambus
- markhaltige Stängel
  z.B. Holunder, Brombeere
- eine starke Schere
- Röhren (aus dem Baumarkt)
- Schnur oder Blumendraht

▲ Am einfachsten geht es, wenn ihr die Stängel in eine Röhre schiebt.

Wir kneten Frühlingsboten

Sobald nach dem Winter die ersten Sonnenstrahlen herauskommen, wachen auch die Blumen auf. Ihr könnt euch diese Frühlingsboten ins Haus holen. Und weil das Blumenbeet aus Knete ist, wird es nie verblühen!

WISSEN

Das Schneeglöckchen-Geheimnis

Wenn ihr vorsichtig ein Schneeglöckchen ausgrabt, entdeckt ihr eine kleine Zwiebel am Ende des Stängels. Dort speichert die Blume über den Winter alle Nährstoffe für den Frühling!

IHR BRAUCHT

- einen Untersetzer aus Ton
- etwas Moos
- Knete in verschiedenen Farben

◄ Schneeglöckchen sind die allerersten Frühlingsboten. Sie stecken ihre Blüten sogar aus dem Schnee heraus!

Zwiebel und Stängel

Die meisten Frühblüher haben eine Zwiebel. Zum Kneten der Zwiebel braucht ihr ein walnussgroßes Stückchen brauner Knete.

Für den Stängel rollt ihr etwas grüne Knete zwischen den Handflächen zu einer Schlange.

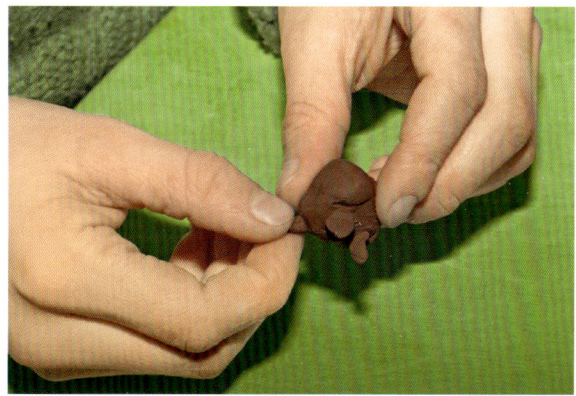

▲ Knetet die braune Knete ordentlich weich und formt sie zu einer Zwiebel.

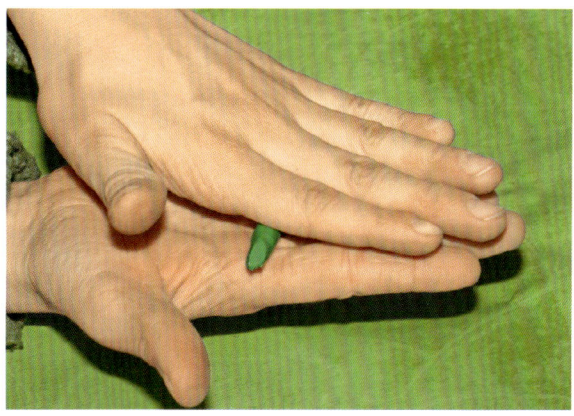

▲ Achtet darauf, den Stängel nicht zu dünn zu rollen. Sonst kippt eure Blume um, wenn die Dlüte hinzukommt!

▲ Einzelteile für ein Schneeglöcken: Zwiebel, Stängel und Blütenkelch

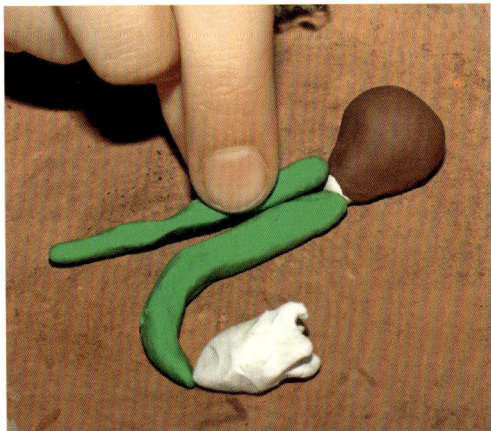

▲ Jetzt kommt noch das Blatt dran. Wichtig: Die Einzelteile gut aneinanderkneten, damit alles hält.

Blätter und Blüten

Wie sehen die Blätter eurer Blüte aus? Lang und schmal oder breit und herzförmig?
Zum Schluss formt ihr die Blüte. Manche Blumen tragen eine Glocke, andere haben Blätter.

▲ Ein Schneeglöckchen aus Knete, das nie verblüht!

Ein bunter Blumenteller

Ihr könnt viele verschiedene Frühlingsblüten kneten. Welche Farben gefallen euch am besten? Setzt die Blumen auf den Tonteller und legt das Moos darum. Sieht das nicht schön aus?

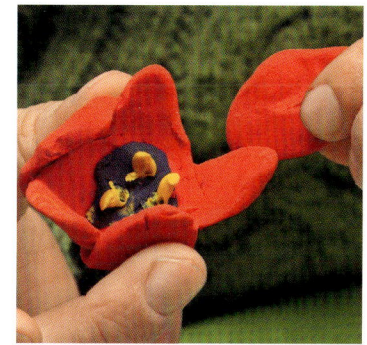

▲ Knetet einzelne Blütenblätter. Daraus könnt ihr eine Blüte zusammensetzen.

Die Blüten könnt ihr in allen möglichen Farben kneten! ▼

▲ Fertig ist der Teller, voll mit bunten Frühlingsboten!

Wir malen ein Matschebild

Mit Erde könnt ihr
bunte Bilder malen!

Hättet ihr gedacht, dass ihr mit Erde malen könnt? Erde muss nicht immer braun sein! Je nach Beschaffenheit des Bodens findet ihr Erde in ganz unterschiedlichen Farben.

Welche Farbe hat Erde? Das kann ganz verschieden sein! ▼

So wird Erde zu Farbe

Ihr braucht mehrere kleine Gefäße. Füllt pro Erdprobe ein leeres Marmeladenglas etwa zur Hälfte mit Erde und gießt vorsichtig etwas Wasser dazu. Rührt mit einem Stock um, bis ein dicker Erdbrei entsteht. Nehmt ein großes Glas mit Deckel und rührt den Tapetenkleister an. Dazu vermischt ihr 20 Gramm Kleister mit einem halben Liter Wasser und rührt kräftig um. Lasst den Kleister etwa 15 Minuten lang quellen.

IHR BRAUCHT

- Erde in verschiedenen Farben
- Wasser
- Tapetenkleister
- Karton, Holz oder Stoff zum Bemalen
- Gläser mit Schraubdeckel
- dicke Borstenpinsel
- Stöcke zum Umrühren
- alte Lappen

Vermischt die Erde mit dem Kleister.

Letzte Vorbereitungen

Wenn der Kleister gequollen ist, rührt ihr ihn nochmals kräftig um. Gebt dann fünf Esslöffel vom Tapetenkleister in den Erdbrei. Ein letztes Mal umrühren, fertig ist die Farbe!

Jetzt müsst ihr euch noch einen Untergrund suchen, den ihr bemalen wollt. Stoff ist schwierig zu bemalen, weil er so leicht verrutscht. Und Papier weicht schnell durch. Gut geeignet zum Bemalen sind Karton und Holz.

▲ Ganz wichtig: immer fest umrühren!

▲ Baut euch selbst Pinsel aus Federn oder Wolle!

Die fertigen Kunst-werke müssen gut durchtrocknen. ▶

Welche Farbe hat Erde?

Lehm ist meist ockergelb, Kompost und Moorboden sind schwarz, normale Gartenerde ist braun, Sand vom Strand und aus der Sandkiste weißlich. Im Hoch-gebirge gibt es sogar richtig rote Erde!

Bei uns findet ihr rote Erde als Belag auf Tennisplätzen. Aber Achtung: An Tennisplätzen müsst ihr unbedingt vorher fragen, ob ihr etwas von dem Sand nehmen dürft!

▲ Die großen Pappkartons lassen sich am besten bemalen, wenn ihr sie auf den Boden legt.

◀ Erde sieht überall anders aus. Ihr könnt sie in Tüten sammeln und mitnehmen.

TIPP

Kleine Erd-Experten

Nehmt bei euren Spaziergängen von nun an immer eine Tüte zum Erdesammeln mit. Schaut einfach genau hin. Dann werdet ihr auf den Streifzügen durch die Natur bald zu echten „Erd-Experten".

◀ Am meisten Spaß macht das Malen mit großen dicken Pinseln.

Wir flechten mit dem Wunderbaum

Die Zweige der Weide sind sehr biegsam. Schon früher haben die Menschen damit Körbe geflochten. Flechten mit Weide, das geht ganz einfach!

Weidenzweige schneiden

Schneidet etwa zwei Meter lange, junge Weidenzweige vom Baum. Fragt aber vorher unbedingt den Besitzer! Er erlaubt es euch sicher gern, denn Weidenzweige wachsen rasch wieder nach: Am abgeschnittenen Baum wachsen schon im nächsten Jahr neue Triebe!

▲ Kleine Zweige könnt ihr mit einer kräftigen Schere abschneiden.

▲ Die Weidenzweige sind gar nicht so leicht zu transportieren.

◀ Weidenruten schneidet ihr am besten im Winter zwischen November und Februar.

WISSEN

Der Baum mit den Kätzchen

Die Zweige der Weide sind im Frühjahr mit Tausenden samtweicher „Kätzchen" besetzt.

Diese Kätzchen sind noch nicht die Blüten, sondern nur ihr wärmender Pelz. Erst wenn die Märzsonne wärmer strahlt, entfalten sich daraus die leuchtend gelben Weidenblüten.

Ein Osternest aus Weiden

Ungefähr einen Zentimeter vom Rand der Baumscheibe entfernt malt ihr einen Punkt für jedes Loch, das ihr bohren wollt. Zwischen den Löchern sollten drei Zentimeter Platz sein. Wie groß die Löcher sein müssen, hängt davon ab, wie dick die Zweige sind, die ihr anschließend hineinsteckt.

IHR BRAUCHT

- eine Baumscheibe (Durchmesser etwa 15 cm)
- einen Akkubohrer
- biegsame Weidenzweige
- Moos und Gänseblümchen zum Verzieren

▲ Bittet einen Erwachsenen, euch beim Bohren zu helfen. Wichtig: Es muss eine ungerade Anzahl Löcher sein!

In jedes Loch steckt ihr einen kurzen Ast. Er muss fest sitzen, denn wenn er trocknet, schrumpft er und darf dann trotzdem nicht herausrutschen! ▼

Ist ein Zweig zu Ende, ▶ kommt der nächste dran. So lange, bis der Rand hoch genug ist!

Nun beginnt das Flechten

Nehmt einen biegsamen Zweig und flechtet ihn vor und hinter die kurzen Äste, immer abwechselnd. Jetzt noch schmücken und bunte Eier hinein: Fertig!

◀ Das fertige Nest polstert ihr mit Moos aus.

Schmückt das Nest mit Gänseblümchen, Federn oder was euch sonst noch einfällt. Und dann versteckt ihr es! ▼

Wir bauen Weidenhütten

Im Frühjahr ist die beste Zeit,
eine Weidenhütte zu bauen.
Im Laufe der Jahre kann daraus
ein richtiges Versteck werden!
Denn die Weide hat eine unbän-
dige Lebenskraft: Jedes abge-
brochene Zweiglein kann eigene
Wurzeln bilden und es wachsen
neue Blätter daran.

IHR BRAUCHT

- eine Gartenschere
- Weidenzweige
- Spaten

Zuerst grabt ihr mit dem Spaten
einen kleinen Graben. Er sollte
mindestens so tief sein wie eure
Hand. Je trockener der Boden
ist, umso tiefer müsst ihr graben.
Steckt die Zweige im Abstand
von etwa einer Fußlänge in den
Graben und schaufelt Erde um
jeden Zweig. Die anderen Zweige
flechtet ihr um die „Stangen".

Die Zweige müsst ihr gleich gießen,
damit sie Wurzeln bekommen. ▼

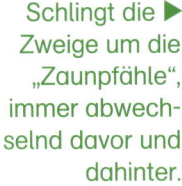

▲ Steckt ihr einen
Weidenzweig
in feuchte Erde,
bilden sich daran
Wurzeln!

Schlingt die ▶
Zweige um die
„Zaunpfähle",
immer abwech-
selnd davor und
dahinter.

▲ Sorgt dafür, dass die Erde immer gut feucht ist, damit die Weidenzweige anwachsen.

Nach einem Jahr tragen die Zweige ▶ bereits Blätter. Und ein paar Jahre später habt Ihr eln Weldenversteck!

Wir entdecken den Baum

Ein Spaziergang durch den Wald ist nie langweilig. Es gibt immer etwas Neues zu entdecken. Vor allem im Herbst: Da ist der Wald voll mit buntem Laub.

Wer ist der Dickste?

Bildet einen Kreis um einen großen Baum. Fasst euch dabei an den Händen.
Wie dick ist der Baum? Findet ihr einen noch dickeren Baum?

▲ Wer findet den dicksten Baum im Wald?

▲ Mit einem Seil oder Wollfaden grenzt ihr ein Spielfeld im Wald ab.

IHR BRAUCHT

- ein Wollknäuel oder Seil
- ein Tuch oder eine Mütze
- mehrere Mitspieler

Baumfühlspiel

Grenzt mit Wollfaden ein Spielfeld im Wald ab. Verbindet einem Mitspieler die Augen und führt ihn in dem Spielfeld zu irgendeinem Baum. Den darf er ausgiebig befühlen. Wer schafft es ohne Augenbinde, seinen Baum wiederzufinden?

▲ Wie fühlt sich der Baum an? Ist die Rinde rau oder glatt?

◄ Führt den Mitspieler anschließend zurück zum Spielfeldrand. Erst dort nehmt ihr die Augenbinde ab!

Wir rubbeln Rindenbilder

Legt ein weißes Papier auf die Rinde eines Baums und rubbelt mit einem Wachsmalstift kräftig auf dem Papier. Am besten geht das mit der breiten Seite des Stifts.

So bekommt ihr einen genauen Abdruck der Baumrinde!

▲ Wenn ihr von einem Wachsmalstift das Papier abmacht, könnt ihr besser rubbeln.

IHR BRAUCHT

- weißes Zeichenpapier
- Wachsmalstifte

Blätterbilder rubbeln

Genauso könnt ihr auch die zum Baum passenden Blätter durch-rubbeln. Legt das Blatt mit den Blattadern nach oben auf eine feste Unterlage. Das Zeichenpapier breitet ihr darüber. Und jetzt einfach wieder rubbeln!

◀ Das ist der Abdruck einer Eichenrinde.

▲ So sehen die Blätter der Eiche aus. Wenn ihr von einem Baum sowohl Rinde als auch Blätter rubbbelt, könnt ihr euch ein eigenes Baumbuch anlegen!

◀ Jeder Baum hat eine andere Rinde. Manche sind rau und rissig, andere glatt und weich.

IHR BRAUCHT

- Farbkasten
- Blätter von Bäumen oder Sträuchern
- weißes Zeichenpapier
- eine kleine Walze

Mit Blättern drucken

Sucht euch ein schönes Blatt aus. Dann bemalt ihr eine Seite mit Farbe. Ihr müsst nicht das ganze Blatt bemalen!
Druckt das Blatt mit der bemalten Fläche auf ein Zeichenpapier. Mit der Walze könnt ihr noch mal darüberrollen. Blatt abziehen und fertig!

◄ Wenn ihr das bemalte Blatt mit einer kleinen Holzwalze bearbeitet, wird der Abdruck noch besser.

▲ Am Schluss vorsichtig abziehen.

▲ Fertig sind wunderschöne Blätterbilder.

Umrisse malen

Ihr könnt auch ein Blatt auf das
Papier legen und kräftig über
den Rand hinaus malen.
Wenn ihr das Blatt entfernt,
bleibt sein Umriss zurück.

Die Umrisse der Blätter sind bei jedem
Baum einzigartig. Durch das Umriss-
malen könnt ihr das genau erkennen! ▶

▲ Die fertigen Blätterbilder könnt ihr auch als Briefpapier benutzen!

Wir sammeln Fußspuren

Wenn Tiere über den weichen Waldboden laufen, bleiben Fußspuren zurück. Jedes Tier hinterlässt andere Spuren. Diese Spuren könnt ihr sammeln!

IHR BRAUCHT

- Elektriker-Gipspulver (aus dem Baumarkt; dieser Gips härtet besonders schnell)
- eine Flasche Wasser
- einen großen Joghurtbecher
- einen Messbecher
- einen Stock zum Umrühren
- einen Pappstreifen, 30 cm lang und 3 cm breit
- eine Büroklammer
- einen Pinsel

Durch die Büroklammern könnt ihr den Ring in der Größe verändern.

Die Form

Biegt den Pappstreifen zu einem Ring und steckt die Enden mit der Büroklammer fest. Diesen Pappring legt ihr um eine Tierspur herum und drückt ihn etwas in die Erde.

Vorbereiten des Gipses

Füllt etwa 150 Milliliter Wasser in den Joghurtbecher und schüttet dann 200 Gramm Gips hinein. Nun müsst ihr gut umrühren, bis keine Klümpchen mehr drin sind. Jetzt muss alles ganz schnell gehen, denn der Gips härtet schon aus!

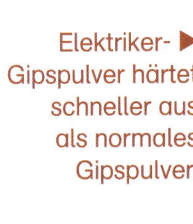

Elektriker- ▶ Gipspulver härtet schneller aus als normales Gipspulver.

▲ Die Gipsmasse gießt ihr in den Pappring.

▲ Mit dem Messbecher könnt ihr alles genau abmessen. Erst gießt ihr das Wasser hinein, dann schüttet ihr vorsichtig den Gips dazu. Und immer gut umrühren!

▲ Mit dem Finger könnt ihr testen: Ist der Gips schon hart geworden?

Das Gießen der Form

Nun gießt ihr die Gipsmasse in den Pappring hinein. Wartet ungefähr 15 Minuten, bis der Gips ausgehärtet ist. Diese Zeit könnt ihr nutzen, um weitere Spuren zu finden.

Wenn der Gips sich ganz hart anfühlt, dürft ihr ihn hochheben. Erde und Laub, die daran kleben, könnt ihr mit einem Messer und dem Pinsel vorsichtig entfernen oder mit etwas Wasser abspülen. Jetzt schaut in Ruhe: Wie ist der Abdruck geworden?

Hebt die Gipsform vorsichtig hoch.

Wenn der ▶ Gips hart ist, könnt ihr den Pappstreifen entfernen.

▲ Mit einem Messer lassen sich grobe Verschmutzungen entfernen. Aber seid vorsichtig, damit ihr euch nicht schneidet!

TIPP

Wo sind Spuren?

Besonders gute Abdrücke findet ihr im weichen Wald-boden oder am Ufer von Bächen oder Seen. Auch im Winter könnt ihr Abdrücke sammeln, wenn die Spuren im Schnee gefroren sind.

▲ Wenn ihr die groben Verschmutzungen entfernt habt, kommt der Pinsel zum Einsatz. Damit könnt ihr Erdreste wegbürsten und die Gipsspur ganz sauber machen.

Fußspuren bestimmen

Die meisten unserer Waldbewohner hinterlassen Spuren. Kennt ihr die verschiedenen Abdrücke? Wenn ihr die Spuren in Gips gegossen habt, könnt ihr zu Hause nachschauen. War es ein Reh? Oder ein Hase?

▲ Wildschweinspuren findet ihr vor allem in lehmigen Böden und bei Wasserstellen. Denn Wildschweine suhlen sich dort gerne.

▲ Hier hat ein Hase seine Pfotenabdrücke im Schnee hinterlassen.

▲ Der Dachs tapst gemütlich auf seinen Sohlen und „nagelt" dabei vorne die Zehen in den Boden.

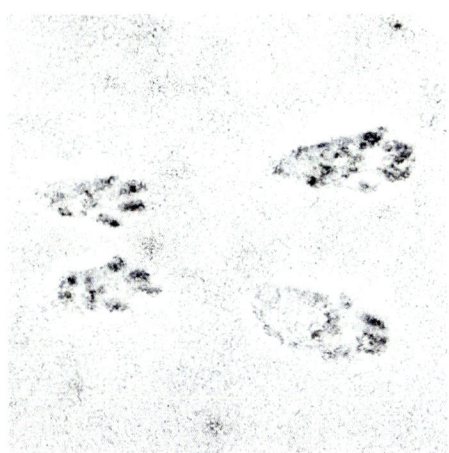

▲ Hier ist ein Eichhörnchen gehoppelt. Findest du auch seine Fraßspuren, einen abgenagten Fichtenzapfen?

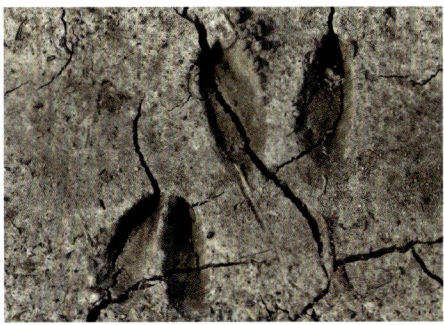

▲ Rehe laufen auf den Zehenspitzen. Die Spuren von Rothirschen sehen ähnlich aus, sind aber größer.

Ein Weihnachtsbaum für Tiere

Wenn der erste Schnee fällt, finden Vögel und Mäuse nur noch wenig Nahrung. Jetzt freuen sie sich, wenn ihr ihnen Futter bereitstellt. Wie wäre es mit einem Weihnachtsbaum für die Tiere?

An diesem Weihnachtsbaum brennen keine Kerzen. Der ganze Schmuck ist ▼ zum Fressen für die Wildtiere da!

Zieht Erdnüsse auf einen Draht. ▶
Dazu müsst ihr nur mit einem Nagel
ein Loch durch die Nüsse piksen.

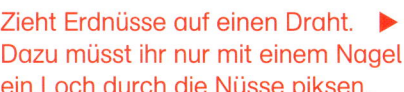

▲ Mäuse finden getrockneten Mais-
kolben superlecker. Dafür klettern sie
gerne den Baum hinauf!

Eine Futterglocke für Klettermaxen

Meisen turnen gern im Geäst herum. Dort suchen sie sich auch ihr Futter. Ihr könnt den munteren Kletterkünstlern einen eigenen Futterplatz herstellen.

IHR BRAUCHT

- Rindertalg (vom Metzger)
- Weizenkleie, Hanfsamen, Sonnenblumenkerne, gehackte Nüsse
- einen Esslöffel Salatöl
- eine halbe Kokosnuss
- einen kleinen Ast
- Schnur

Erwärmt den Rindertalg in einem Kochtopf. Er darf nicht kochen! Rührt dann die Samen, Kleie, Kerne und Nüsse hinein. Fügt das Salatöl hinzu. Das Salatöl verhindert, dass die Masse bei starkem Frost zu hart wird.

Füllt die Mischung in die Nuss. Bevor die Masse fest wird, steckt ihr den Ast hinein. Befestigt die Schnur mit einer Schraube an der Kokosnuss.

▲ Die fertige Masse füllt ihr in die Nuss.

▲ Steckt zum Schluss einen Ast hinein. Den brauchen die Vögel zum Anfliegen.

TIPP

Statt einer Kokusnuss könnt ihr auch einen Blumentopf nehmen.

▲ Meisen lieben solche Futterplätze. Die kleinen Blaumeisen hängen sogar kopfüber daran! Denn sie sind die geschicktesten Kletterer.

Ein Festmahl am Baum

Der Baum ist geschmückt: Nun könnt ihr im Haus vom Fenster aus die kleinen Besucher beobachten. Fliegt einer wieder weg, macht das nichts: Gleich kommt ein neuer Gast!

Auch Vögel streiten sich um gutes Futter. Verteile daher die Leckereien unter dem Baum und auch in den Zweigen. Dann ▼ bekommt jeder Vogel etwas ab.

◀ Bindet mehrere Hirseähren zu einem kleinen Strauß zusammen. Diese Hirse bekommt ihr im Zoogeschäft.
Spatzen sind verrückt nach Hirse!

Amseln mögen gerne Obst. Legt ganze Äpfel aus, die Vögel picken sich ihre ▼ Brocken selbst heraus.

Streut Haselnüsse unter den Baum. Vielleicht schauen Eichhörnchen oder ▼ andere Nussliebhaber vorbei?

▲ Guckt mal, da ist ein Buntspecht am Futterring! Meist sind es jedoch Meisen, die hier knabbern.

▲ In ein leeres Zitronennetz könnt ihr Haselnüsse einfüllen. Blaumeisen und Kohlmeisen klettern gerne daran herum.

Tiere

in der Natur

Lauern wie Eidechsen

Wiesentiere sind klein und die meisten flüchten, sobald ihr euch nähert. Mit dem Eidechsentrick könnt ihr sie überlisten: Hockt euch reglos wie eine Eidechse auf die Lauer und schaut ganz genau in die Gräser um euch herum. Schon bald kommen die ersten Tiere aus ihren Verstecken.

Richtig aufbewahrt

Setzt die Tiere behutsam in ein Gefäß mit Luftlöchern. Wichtig: Bietet ihnen Verstecke unter Halmen oder Rinde und lasst das Gefäß nie lange in der Sonne stehen. Bitte die Tierchen nach dem Betrachten wieder freilassen!

▲ Heuschrecken sind ganz harmlos.

Mit dem Muscheltrick ist das Fangen ganz einfach.

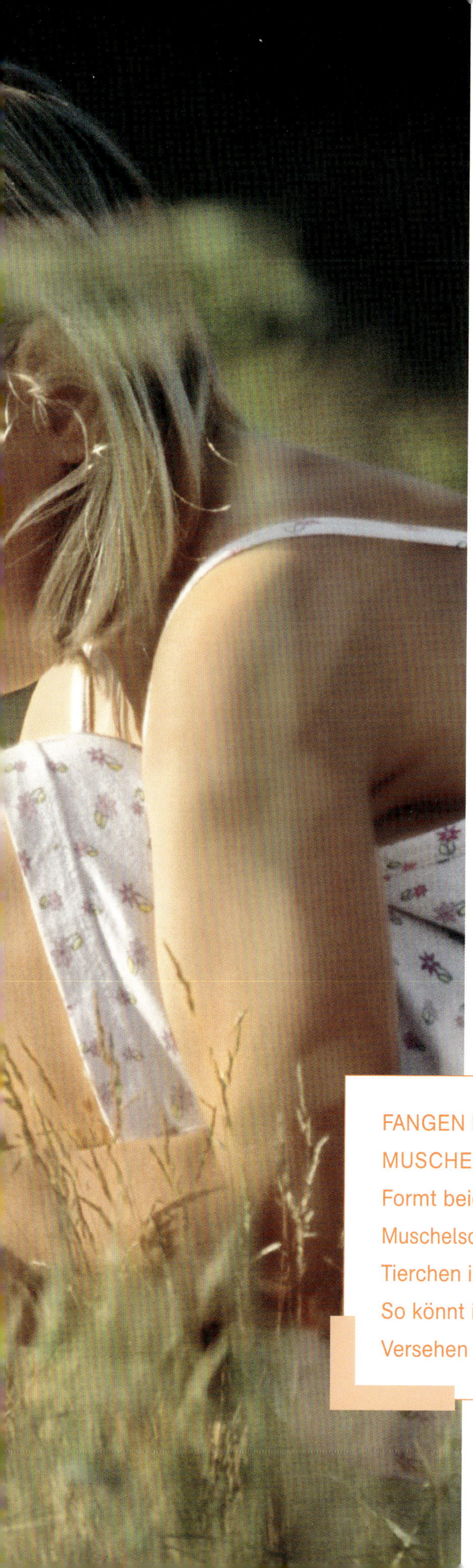

◀ In so einem Terrarium könnt ihr die Tierchen von Nahem beobachten.

▲ Rüsselkäfer glänzen schön grüngolden.

TIPP

FANGEN MIT DEM MUSCHELTRICK
Formt beide Hände zu zwei Muschelschalen und fangt die Tierchen in dieser „Muschel". So könnt ihr sie nicht aus Versehen quetschen!

◀ Kreuzspinnen
sind ungefährlich.

Überlistet die Spinne

Spinnen sind listig: Zwischen
Halmen weben sie Netze, in
denen kleine Tiere hängen
bleiben. Die Spinne spürt das
Zittern im Netz und eilt aus
ihrem Versteck, um ihre Beute
zu verspeisen. Bringt mit einem
Halm das Spinnennetz zum
Erzittern. Schaut, ob ihr so die
Spinne aus ihrem Versteck
locken könnt!

Schnuppern und Schlürfen

Schnuppert mal! Jede Blume
duftet anders! Könnt ihr eure
Lieblingsblume mit geschlossenen
Augen erschnuppern? Mit dem
Duft locken Blumen Insekten an.
Denn wo es gut duftet, da gibt
es auch süßen Blütennektar zu
trinken.

▲ Fühlt mal: Die Spinnfäden sind ganz klebrig!

TIPP

KOSTET DEN SÜSSEN SAFT
Zupft eine Blüte von der Taubnessel und saugt sie vom unteren, schmalen Ende aus. In jeder Blüte steckt ein Tröpfchen Nektar – außer, die Hummel war vor euch da!

Wie schnell ist eure Schnecke?

Auf der Wiese gibt es nicht nur Spinnen und Insekten. Ihr findet hier auch viele Schnecken. Wollt ihr wissen, wessen Schnecke die schnellste ist? Jedes Kind markiert eine Schnecke auf ihrem Haus. Setzt die Schnecken nebeneinander auf eine Glasplatte oder ein Holzbrett. Ans Ende der Platte legt ihr etwas Löwenzahn. Auf die Plätze, fertig, los!

▲ Klein, aber oho! Der Waldmeister duftet süß und intensiv.

▲ Jetzt geht's los! Startbereit zum Schneckenrennen!

WISSEN

Hummeln sind friedliche Blütenbesucher. Doch versucht nicht, sie anzufassen oder zu fangen: Hummeln können auch stechen!

◄ Hummeln trinken Blütennektar mit ihrem eingebautem Strohhalm.

Verstecke entdecken!

Im Wasser wimmelt es von Leben! Doch wenn ihr euren Kescher einfach durchs freie Wasser zieht, werdet ihr enttäuscht sein: Ihr habt wahrscheinlich nicht ein einziges Tier darin gefangen! Denn Wassertiere sind Spezialisten im Verstecken. Wir verraten euch die verborgensten Schlupfwinkel.

Keschern im Pflanzengewirr

In sonnigen Teichen wächst am flachen Ufer ein dichtes Pflanzengewirr. Darin halten sich viele räuberische Wasserkäfer und Libellenlarven verborgen. Zieht eure Kescher sehr langsam hindurch, damit ihr die Pflanzen nicht abreißt.

Schnecken dürft ihr ▶ ruhig auf die Hand nehmen. Fühlt mal, wie das kitzelt!

Im Uferbereich keschert ihr die meisten Tiere.

▲ Solche Becherlupen sind zum genaueren Betrachten praktisch.

Immer in Fließrichtung!

Hebt im Bach liegende Steine, Laub oder Äste an und haltet dabei die Kescher in Strömungsrichtung davor. Ihr könnt auch etwas Bodengrund anheben. So werden die Tierchen von selbst in eure Kescher gespült.

TIPP

Helle, flache Plastikschalen (z. B. leere Eispackungen) sind am besten geeignet, um den Kescherfang auszuleeren. Vor dem hellen Hintergrund sind die Tierchen gut zu entdecken!

▲ Molche findet ihr im Frühling sogar in flachen Pfützen.

So baut ihr einen Kescher

Profis keschern mit festen Drahtkeschern. Denn sie verheddern sich nicht im Pflanzengewirr wie Netzkescher und sind zudem viel stabiler. So einen Kescher könnt ihr leicht nachbauen: aus einem einfachen Küchensieb und einem Stock.

IHR BRAUCHT

- 1 großes Küchensieb
- 1 Stock
- 2 Schraubenzieher
- 2 Schlauchschellen
- etwas Isolierband

Stiel unter den Schellen

Dreht die beiden Schlauchschellen ganz weit auf und schiebt sie über den Stock. Steckt den Stiel des Siebs unter die beiden Schlauchschellen.

▲ Ein einfaches Küchensieb wird zum Profi-Kescher.

... und fest zudrehen

Zieht die Schraube an den Schlauchschellen mit dem Schraubenzieher ganz fest zu.

▲ Mit einem Helfer zum Festhalten gelingt es einfacher!

◄ Damit die Schrauben nirgendwo hängen bleiben, könnt ihr sie zum Schluss noch mit Isolierband umwickeln.

TIPP

Wassertiere flüchten schon bei geringsten Erschütterungen. Verhaltet euch beim Keschern möglichst ruhig!

▲ Lange Kescherstöcke ermöglichen ein Keschern vom Ufer aus. Diese Kescher sind aber auch deutlich schwerer!

Was habt ihr gekeschert?

Zählt mal, wie viele Beine eure Tierchen haben: Sind es sechs Beine, so habt ihr ein Insekt oder seine Larve gekeschert. „Larven" heißen die Kinder der Insekten. Sie sehen meist ganz anders aus als ihre Eltern und leben auch anders. So haben die Larven der Libellen keine Flügel und leben unter Wasser!

Viel mehr Beine

Hat euer Tierchen mehr als sechs Beine, so kann es ein Krebs oder eine Wasserassel sein.

TIPP

DIE KÖNNEN STECHEN!
Aufgepasst: Manche Wassertierchen können zwicken oder sogar stechen. Fasst sie deshalb nicht mit der Hand an.

▲ Lasst immer erst einen Erwachsenen schauen, bevor ihr ein Tier anfasst!

▲ Wasserläufer laufen wirklich auf der Wasseroberfläche!

▲ Bachflohkrebse liegen immer auf der Seite.

▲ Gelbrandkäfer: Räuber im Pflanzengewirr.

▲ So sieht der Gelbrandkäfer als Larve aus!

WISSEN

IST DAS WASSER SAUBER?
Habt ihr viele verschiedene Insektenlarven gekeschert? Dies ist ein Zeichen für gute Wasserqualität! Findet ihr hauptsächlich Würmer und Wasserasseln, so ist das Wasser eher verschmutzt.

Keine Beine

Überhaupt keine Beine haben Wasserschnecken, Muscheln, Egel und Würmer.

◄ Aus dieser Larve wird einmal eine schöne Libelle!

◄ Libellen wirken gefährlich – können aber nicht stechen!

Eure eigene Zucht

Mit eurer eigenen Schmetterlingszucht könnt ihr eines der unglaublichsten Wunder des Lebens beobachten: wie sich eine Raupe in einen wunderschönen Schmetterling verwandelt! Wir verraten euch die besten Tipps und Tricks, damit eure Raupenzucht auch gut gelingt.

IHR BRAUCHT

- 1 Plastikterrarium mit durchlöchertem Deckel (Zoogeschäft)
- 1 Stück Mückennetz oder alte Gardine
- Glas und Wattebausch
- frische Brennnesseln mit 4–5 Raupen

Stellt euer Gefäß immer mit der Öffnung nach vorn: An der Decke hängen später gern die Schmetterlingspuppen!

▲ Schmetterlinge legen ihre winzigen Eier an Blättern ab.

▲ Jeder Schmetterling war einmal eine Raupe.

Die richtigen Raupen finden

Ab Juni findet ihr die kleinen, schwarzen Schmetterlingsraupen an Brennnesseln. Schaut gut hin, denn sie sind jetzt noch fast so klein und dünn wie eine Stecknadel! Oft verraten sie sich durch abgeknabberte Blätter.

WISSEN

DAS WUNDER DER VERWANDLUNG

Jeder Schmetterling schlüpft als Raupe aus dem Ei. Die Raupe muss sehr viele Blätter futtern, bis sie groß genug ist, um sich in eine Puppe zu verwandeln. Die Puppe hängt reglos da, als wäre kein Leben in ihr. Doch eines Tages schlüpft daraus der fertige Schmetterling!

TIPP

Sammelt nur Raupen von Brennnesseln. Diese Raupen sind unempfindlich und schlüpfen schon in wenigen Wochen. Sie sind leicht zu füttern, denn sie mögen nur Brennnesseln.

▲ Kaum zu glauben: In wenigen Wochen wird daraus ein bunter Schmetterling!

Das Terrarium einrichten

Gebt frische Brennnesseln in ein Glas. Stopft die Öffnung oben mit Watte zu, damit keine Raupen ertrinken, und stellt die Vase ins aufrechte Terrarium. Setzt nun eure Raupen vorsichtig auf die Brennnesseln.

WISSEN

Raupen sind richtige kleine Fressmaschinen. Alle zwei bis drei Tage brauchen sie reichlich frisches Futter!

▲ So fühlen sich Schmetterlingsraupen wohl.

▲ Legt ein Mückennetz über die Öffnung und schließt den Deckel.

Die Raupen pflegen

Damit die winzigen Raupen nicht entfliehen können, verschließt den Deckel zusätzlich mit einem Mückennetz. Zum Füttern stellt ihr einfach einen zweiten Brennnesselstrauß neben den alten. Die Raupen wechseln von allein zum frischen Futter. Nehmt den alten Strauß bei der nächsten Fütterung heraus.

Raupe – Puppe – Schmetterling

Nach drei bis vier Wochen verspinnen sich die kräftig gewachsenen Raupen zu reglosen Puppen. Sie sind sehr empfindlich. Bitte nicht berühren! Zwei Wochen später schlüpfen daraus nach und nach Schmetterlinge. Schaut auf der nächsten Seite, wie sie heißen!

TIPP

Legt den Boden des Terrariums mit Küchenpapier aus und wechselt es regelmäßig. So entfernt ihr die Kotkrümel der Raupen.

◀ Aus der Puppe schlüpft der Falter.

◀ Lasst den Schmetterling behutsam auf einer Blume frei!

Schmetterlinge anlocken

Wollt ihr Schmetterlinge an-
locken, so braucht ihr ein Beet
mit vielen duftenden Blumen
und Kräutern. Wir haben unser
Schmetterlingsbeet in Form
eines Schmetterlings angelegt
und mit Feldsteinen umrandet.
Sieht das nicht toll aus?

TIPP

Geeignete Schmetterlings-
blumen sind Dost, Salbei,
Phlox und der Schmetter-
lingsflieder. Es gibt auch
spezielle Saatmischungen
für Schmetterlingsbeete!

Die „wilde" Ecke im Garten

Nicht vergessen: Raupen brauchen keine Blumen, sondern
viele Brennnesseln! Die könnt
ihr ruhig in einer „wilden Ecke"
im Garten wachsen lassen.
Diese Ecke bitte einfach in Ruhe
lassen und auch nicht mähen!

◄ Ohne Raupen gibt es
auch keine Schmetterlinge!

◀ Unser Schmetterlingsbeet im Schulgarten.

Die häufigsten Schmetterlinge

Unsere auffälligsten Schmetterlinge sind das Tagpfauenauge, der Admiral und der Kleine Fuchs. Sie alle futtern als Raupen übrigens nichts anderes als Brennnesseln. Deshalb legen die Falter ihre Eier auch an die Unterseite von Brennnesselblättern.

◀ Das Tagpfauenauge hat große Augenflecken auf den Flügeln.

◀ Der Kleine Fuchs heißt so, weil er überwiegend fuchsrot ist.

▲ Der Admiral ist schwarz, weiß und orange.

Abenteuer Nachtexpedition

Warme Sommernächte sind bestens geeignet, um Wildtiere zu entdecken. Denn wenn abends die Sonne untergeht, werden viele Tiere erst richtig munter. Ihr braucht nur eine Taschenlampe, und schon kann es losgehen!

Wer schnauft und schmatzt denn da im Garten?

Das ist ein Igel auf der Suche nach Würmern und Schnecken. Bitte stört ihn nicht. Er muss schnell zu seinen Igelkindern im Versteck zurückkehren!

Fangt den Lichtstrahl

Auf der Wiese vor dem Wald blinken lauter kleine Lichter. Das sind Glühwürmchen auf der Suche nach einem Partner. Versucht, eines der Blinklichter mit der Hand zu fangen. Das ist schwierig, denn kaum nähert ihr euch, erlischt das Blinken!

Hier haben wir einen Igel entdeckt.

Was blinkt da in der Dunkelheit? ▶

TIPP

WERDET ZU NACHTTIEREN!
Tiere der Nacht sehen wenig –
hören dafür aber umso mehr!
Sperrt auch ihr eure Lauscher
weit auf und bewegt euch auf
leisen Sohlen – denn jedes kleine
Geräusch könnte euch verraten!

Zu Gast beim Nachtkonzert
In der Nacht sind alle Geräusche
viel deutlicher! Die Gesänge von
Nachtigallen und Eulen sind viele
hundert Meter weit zu hören. Hört
ihr die Frösche am Teich? Und die
Heuschrecken in der Wiese?

▲ Die Nachtigall singt die
ganze Nacht hindurch!

▲ Hört mal! Der Wald-
kauz ruft schön-schaurig
„Uhhhuhhhuhhuuuuu"!

Auf Fledermaus-Lausch

Fledermäuse flattern lautlos wie
Gespenster durch die Abend-
dämmerung. Die kleinen Nacht-
geister bei der Jagd zu beobachten,
ist ein ganz besonderes Erlebnis!
Am besten gelingt es an warmen
Sommertagen, wenn es langsam
dunkel wird.

IHR BRAUCHT

- Fledermaus-Detektor
  (Spielwarenhandel)
- Taschenlampe

▲ Fledermäuse fangen
Insekten im Flug.

Hier müsst ihr suchen!

Die besten Plätze, um Fledermäuse zu entdecken, sind Wald-
ränder und Gewässer. Leuchtet
mit der Taschenlampe Bäume,
Büsche und Wasseroberflächen
ab. Aber auch mitten in der
Stadt findet ihr Fledermäuse:
An Straßenlaternen fangen sie
gern Mücken und Falter!

WISSEN

Fledermäuse jagen in der
Dunkelheit Mücken und
kleine Falter. Dazu stoßen
sie hohe, leise Rufe aus.
Trifft ein Ruf auf ein Insekt,
so hören Fledermäuse
das mit ihren Riesenohren.
Schnapp, gefangen!

Ein Haus für die Fledermaus

Fledermäuse brauchen geschützte Höhlen, in denen sie den Tag verschlafen können. Mit speziellen, flachen Fledermauskästen am Haus oder an Bäumen könnt ihr den Tieren helfen!

◀ Sind da schon Fledermäuse eingezogen?

TIPP

WAS IST EIN FLEDERMAUS-DETEKTOR?

Dieses Gerät „fängt" die hohen Rufe der Fledermäuse ein und macht sie für uns Menschen hörbar. Gute Fledermaus-Detektoren gibt es auch extra für Kinder.

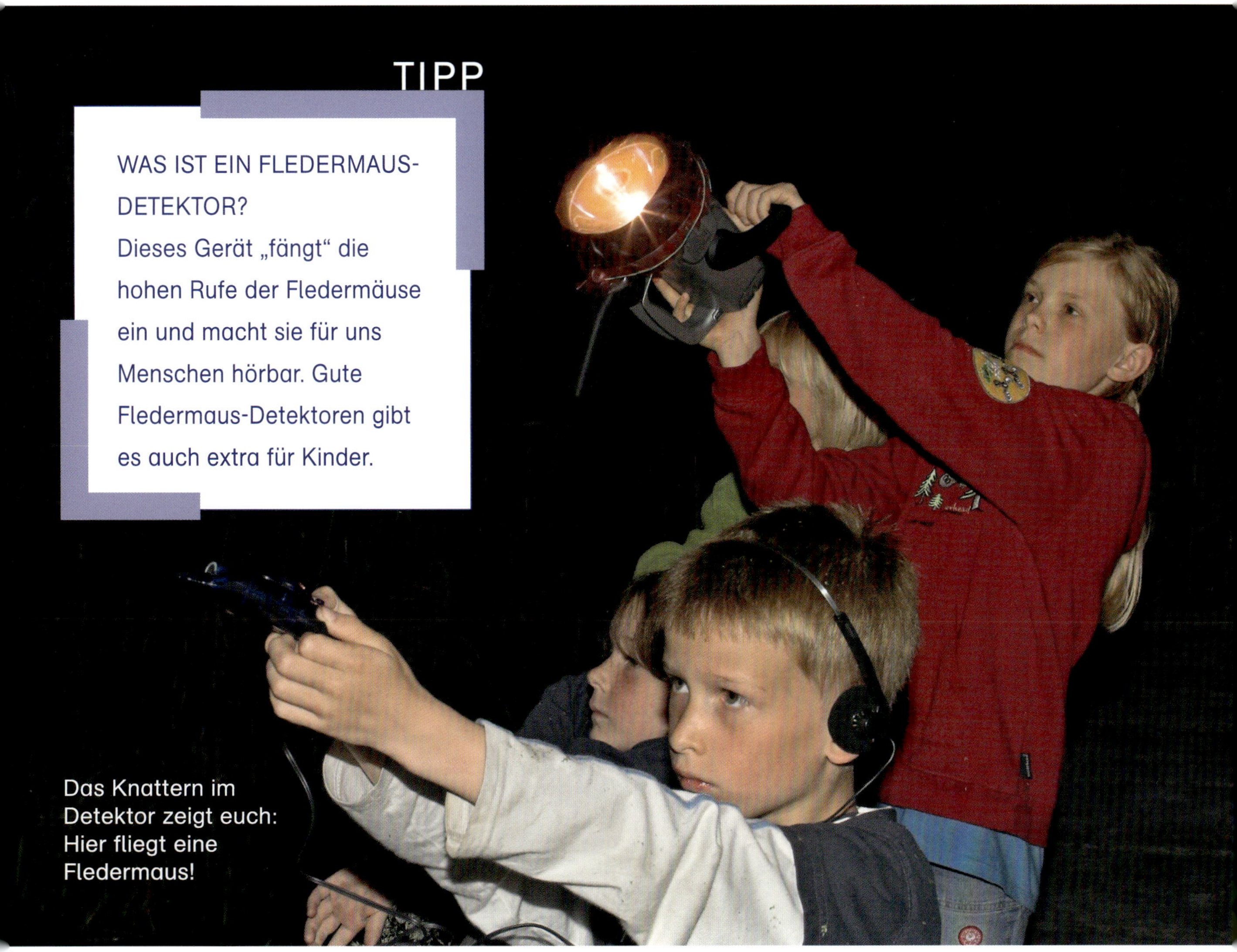

Das Knattern im Detektor zeigt euch: Hier fliegt eine Fledermaus!

▲ Fleder-
maus-Fans
aufgepasst!

Fledermaus fängt Nachtfalter

Bildet einen Kreis. Ein Kind ist die Fledermaus. Es steht in der Mitte und bekommt Augenbinde und Umhang. Zwei weitere Kinder gehen in den Kreis. Das sind die Nachtfalter. Die Fledermaus ruft nun „Fledermaus, Fledermaus!" und die Nachtfalter antworten leise „Nachtfalter, Nachtfalter!". Die Fledermaus muss nur anhand der Rufe versuchen, die Nacht-falter einzufangen. Diese dürfen natürlich nicht aus dem Kreis laufen!

IHR BRAUCHT

- 1 Augenbinde für die „Fledermaus"
- 1 schwarzen Umhang
- mindestens 6 Kinder

▲ Die „Fledermaus" muss den „Nachtfalter" nur anhand der Geräusche orten!

Essen wie die Fledermäuse: Könnt ihr auch ohne Hände Beute machen?

Mit dem Mund geschnappt!

Fledermäuse müssen ihre Beute mit dem Mund greifen. Probiert einmal selbst, wie schwierig das ist: Mit dem Löffel im Mund müsst ihr die „Beute" (Nüsse o. Ä.) aus der wassergefüllten Schale greifen – natürlich ohne dabei eure Hände zu benutzen. Ganz schön schwierig, oder?

IHR BRAUCHT

- 1 Schale mit Wasser
- Löffel mit langem Stiel
- Nüsse, Gummibärchen o. Ä.

Füttert die Fledermaus!

Bei diesem Wurfspiel sind Geschicklichkeit und Treffgenauigkeit gefragt! Die Nachtfalter bastelt ihr aus buntem Krepppapier, Tesafilm und weichen Gummibällen.

IHR BRAUCHT

- 1 leeren Karton
- schwarze Pappe, Kleber und Watte
- weiche Bälle, Krepppapier und Tesafilm

◀ Füttert die hungrige Fledermaus mit möglichst vielen Nachtfaltern!

Schippe, Lupe, fertig, los!

Kleine Misthaufen locken viele Tierchen an!

Wollt ihr spannende Tiere entdecken? Dazu müsst ihr nicht weit reisen und nichteinmal weit laufen! Denn unter jedem eurer Fußstapfen im Wald sind Millionen von Tieren zu Hause – viel mehr als in der afrikanischen Savanne! Ihr braucht nur eine Schippe und eine Lupe und los geht's.

◄ Schaut mal, was unter der Rinde los ist!

Werdet zu Tier-Findern!

Viele Erdbewohner sind so winzig, dass ihr sie mit bloßem Auge gar nicht sehen könnt. Und die Größeren kennen gute Verstecke. Die meisten kommen erst nachts hervor, um nicht gefunden zu werden!

Die besten Geheimverstecke

Schaut überall da, wo es dunkel und feucht ist: Unter Steinen, herumliegenden Ästen, dicken Laubschichten und loser Rinde verbergen sich viele Tierchen!

Waldboden ist ein Paradies für Tiere im Miniformat!

Springschwänze nagen Blattreste noch kleiner. ▼

WISSEN

Wusstet ihr, dass in einer Handvoll Erde mehr tierische Waldarbeiter leben als Menschen auf der Erde? Ohne diese Bodenlebewesen würde die Natur in ihrem Müll ersticken!

▲ Schnurfüßer zerhäckseln das Laub am Waldboden.

▼ Achtung: Der Steinläufer beißt!

Experiment:
So wird Erde gemacht

Wollt ihr sehen, wie aus Pflanzen-
abfällen bester Boden wird?
Dann schichtet abwechselnd
Sand und feuchte Erde in ein
leeres Glas. Setzt zwei bis drei
Regenwürmer hinein und füttert
sie mit Gras, Blättern und
geriebenem Apfel. Schaut, wie
die Tiere den Boden vermischen
und was mit der Erde geschieht!

WISSEN

Regenwürmer leben tief in
der Erde. Nachts holen sie
sich Blattreste und ziehen
sie tief in ihre unterirdischen
Gänge. So durchmischen
sie den Boden und machen
beste Erde daraus!

▲ Der Regenwurm kommt nur bei Regen
ans Tageslicht.

Im Regenwurmglas könnt ihr
beobachten, wie Regenwürmer
aus Bio-Abfällen Erde machen!

◄ Aus einer einfachen Küchenrolle wird im Nu ein Forscher-guckrohr.

Guckrohr für Bodenforscher

Kennt ihr den Spruch: „Man sieht den Wald vor lauter Bäumen nicht?" So ist es auch oft, wenn man kleine Tierchen sucht. Leichter geht es mit einem einfachen Guckrohr: Es hilft dabei, sich nur auf einen kleinen Bildausschnitt zu konzentrieren!

TIPP

Deckt unbedingt ein Tuch über euer Forscherglas, sonst ist es den Tieren zu hell! Und immer schön feucht halten.

◄ Erdläufer erbeuten Regenwürmer.

▲ Laufkäfer jagen nur nachts.

▲ Marienkäfer können gut fliegen!

Folgt dem Geheimpfad!

Der Wald ist kreuz und quer von schmalen Pfaden durchzogen.
Das sind die „Straßen" der Tiere! Folgt so einem Tierpfad und entdeckt ihre geheimen Verstecke, Höhlen und viele weitere spannende Spuren, die diese Tiere hinterlassen!

Unterirdische Höhlen

Unser Pfad führt uns zu einem Bau. Eine Rutsche führt zum Eingang. Hier wohnt Familie Dachs! Tagsüber schlafen Dachse eingekuschelt in ihrer Höhle. Erst am Abend streifen sie durch den Wald.

TIPP

SCHLEICHEN IM FUCHSGANG

Tiere schleichen auf samtenen Pfoten durch den Wald, damit niemand sie bemerkt. Macht es den Tieren nach: Schleicht leise und aufmerksam wie der Fuchs. Vielleicht bekommt ihr so ja eines der Tiere zu sehen?

Dachse haben ein schwarz-weiß gestreiftes Gesicht.

Schnuppert mal: Dieser Baum stinkt nach Wildschwein!

◄ Wildschweine lieben „Schubberbäume".

Verdächtige Spuren

Wo Bäumen die Rinde fehlt, kommen regelmäßig Wildschweine vorbei. Sie schubbern sich ihr juckendes Fell an der Rinde. Schaut mit Adleraugen auf den Waldboden: Hier findet ihr die Futterplätze der Tiere und mit etwas Glück entdeckt ihr sogar ein Geweih!

Im Frühling wirft der Damhirsch sein Geweih ab. ▶

Hier ist der Eingang zum Dachsbau.

Jedes Jahr wächst dem Damhirsch ein neues, größeres Geweih. ▼

▲ Eichhörnchen zerrupfen Zapfen, um an die Samen im Inneren zu gelangen.

▲ Baumstümpfe sind beliebte Eichhörnchen-Tische!

Schaut mit Vogelaugen

Wo im Wald würdet ihr euer Nest
verstecken, wenn ihr Vögel wärt?
Schaut mit wachen Vogelaugen
in Sträucher und Bäume.
Bestimmt findet ihr so ein gut ver-
stecktes Nest in einer Astgabel!

Die meisten Vögel flechten jedes Jahr
ein neues Nest aus Zweigen. ▼

TIPP

Bitte sucht nur im Herbst
und Winter nach Vogel-
nestern. Im Frühling und
Sommer müssen die
Vögel unbedingt unge-
stört bleiben, damit sie in
Ruhe brüten können!

▲ Ohne Blätter am Baum sind Vogelnester leichter zu entdecken.

◀ Der Buntspecht baut kein Nest wie andere Vögel!

Vorsicht Räuber

Vögel müssen ständig auf der Hut sein, damit kein Räuber sie erwischt. Katzen, Füchse und Greifvögel sind die größte Gefahr für Vögel und ihre Eier. Schaut am Waldboden nach Federansammlungen: Hier werden regelmäßig Vögel gerupft.

▲ In dieser Höhle hat der Specht gebrütet.

▲ Dieser Specht wurde von einem Räuber erwischt.

Findet den Spechtbaum

Morsche Bäume sind tolle Spechtbäume! Denn hier hinein kann der Specht mit seinem kräftigen Schnabel eine Höhle zimmern. In verlassene Specht-höhlen ziehen gern Meisen und andere Kleinvögel ein.

WISSEN

FUCHS ODER HABICHT?

Sind die Federn unten am Ende noch heil? Dann wurde der Specht von einem Habicht oder Sperber verspeist: Er rupft die Federn mit seinem Haken-schnabel im Ganzen heraus. Sind die Federn unten abgebissen, war es der Fuchs oder eine Katze.

Geheime Buchten

An Bächen und Teichen sind immer tolle Spuren zu entdecken! Denn viele Tiere kommen hierher, um zu trinken oder um Wassertiere zu erbeuten. Im schlammigen Boden hinterlassen diese Tiere ihre Fußabdrücke.

▲ Fischotter sind flinke Fischjäger. Jedes Paar hat sein eigenes Revier.

▲ So markiert der Fischotter sein Revier.

Verräterische Markierungen

Der Fischotter platziert seinen Kot gern auf erhöhten Steinen. Damit zeigt er anderen Ottern: „Dieser Bachabschnitt ist schon besetzt!"

▲ Der Graureiher ist ungefähr so groß wie ein Storch.

▲ Hier hat der Graureiher Fische gefangen.

◄ Solche Spuren hinterlässt nur der Biber.

Folgt dem Biberpfad!

Schmale Pfade am Gewässerufer werden von vielen Tieren genutzt. Schaut, ob ihr am Rand der Pfade abgenagte Baumstämme findet. Sie sind Zeichen dafür, dass hier in der Nähe ein Biber zu Hause ist! Findet ihr auch den Biberdamm? Entdeckt ihr seine Burg?

WISSEN

WARUM BAUT DER BIBER STAUDÄMME?
Damit aus dem Fluss ein See wird. So kann er seine Burg geschützt vor Feinden mitten im Wasser bauen. In der Burg zieht das Biberpaar seine Jungen groß.

▲ Der Biber verändert ganze Landschaften.

In der Mitte des Sees liegt die Biberburg. ▼

▲ Der Biber hat den Bach zum See gestaut.

Ein Heim für Tiere

Im Herbst sind viele Tiere auf der Suche nach Verstecken, in denen sie den Winter verschlafen können. Deshalb findet ihr jetzt viele Marienkäfer und zarte Florfliegen in den Fensterritzen. Heimischen Wildtieren Winterverstecke zu bauen, ist ein tolles Projekt für euren Kindergarten und auch für den Schulgarten!

Ein Winterquartier für Marienkäfer ist schnell gebaut.

Winterquartier für Insekten

▲ Florfliegen: Nützlinge, denen ihr helfen könnt.

Marienkäfer brauchen frostfreie Verstecke.

Stopft Holzwolle in eine leere Holzkiste und hängt die Kiste geschützt vor Regen an eine sonnige Hauswand. Setzt gefundene Marienkäfer und Florfliegen hier hinein. Wichtig: ein großer Ausgang, damit die Tiere im Frühling wieder hinauskommen!

IHR BRAUCHT

- Reisig
- Schnur
- 1 Helfer
  zum Festhalten

Reisignester für Vögel

In kalten Winternächten suchen Vögel gern solche Reisignester auf: Bindet einfach mehrere Zweige zu einem Büschel und befestigt jedes Büschel einzeln so lange am Stamm, bis ein dickes Reisignest entsteht.

▲ Je mehr Reisigbündel ihr zusammenbindet, desto kuscheliger wird das Nest.

◄ Der kleine Zaunkönig liebt solche Reisignester.

Spätgeborene Igel
sind oft zu klein und
zu schwach, um den
Winter überstehen
zu können.

Wichtig: Wie viel wiegt euer Igel? ▶

Hilfe für den Igel

Der Igel muss sich im Herbst eine dicke Speckschicht an-futtern, um über den Winter zu kommen. Denn er wird jetzt fünf bis sechs Monate lang nichts fressen, sondern nur schlafen! Für seinen Winterschlaf braucht der Igel ein frostfreies Versteck.

Eingerollt verschlafen Igel den Winter. ▶

So könnt ihr dem Igel helfen

Schichtet Zweige und Äste abwechselnd mit Laub zu einer kuscheligen Burg. Darin kann der Igel geschützt den Winter überstehen. Und auch Frösche, Kröten und Vögel finden hier einen guten Unterschlupf!

Laub und Reisig sorgen dafür, dass der Igel im Winter nicht erfriert. ▶

▲ Igel dürfen nur Wasser trinken – niemals Milch.

TIPP

IGEL GEFUNDEN – WAS TUN?
Zuerst müsst ihr den Igel wiegen. Um den Winter überleben zu können, muss er im Oktober mindestens 700 g schwer sein! Wiegt er weniger, so findet ihr Hilfe beim Tierarzt oder unter www.igelhilfe.de.

Wasservogel-Forscher unterwegs

Im Winter ist nichts los draußen? Dann schnappt euch fix ein Fernglas und ab geht's an den nächsten See oder einfach an den Stadtparkteich: Hier ist jetzt im Winter sogar mehr los als im Sommer. Schaut mal, wie viele verschiedene Arten ihr entdecken könnt!

▲ Eisfreie Stellen – ein Paradies für Vogelforscher!

▲ So ein Spektiv ist gut geeignet, um Wasservögel an großen Seen zu beobachten. Für kleinere Teiche genügt auch ein Fernglas.

TIPP

Aus nächster Nähe könnt ihr wilde Wasservögel im Winter auf jedem Stadtparkteich beobachten!

◄ Hier drängen sich Wasservögel dicht an dicht. Oft verlieren sie dabei sogar ihre Scheu vor Menschen.

WISSEN

Im Winter frieren die meisten Seen zu. Dann können die Wasservögel nicht mehr nach Nahrung tauchen. Deshalb versammeln sie sich jetzt an den letzten eisfreien Gewässern.

◄ Schwarzes Huhn mit weißer Blässe: Das ist ein Blässhuhn.

▲ Das Männchen der Stockente hat einen flaschengrünen Kopf. Das Weibchen ist schlicht braun.

▲ Reiherenten tauchen am Gewässergrund nach Muscheln. Das Männchen hat auf dem Kopf eine Federtolle.

▲ Die Kanadagans ist heute überall in Europa zu Hause. Ihr erkennt sie am schwarzen Kopf mit weißen Wangen

▲ Gänsesäger-Männchen haben dicke, weiße Körper. Ihre Schnäbel sind fein und dünn.

Köstliches und Heilsames

aus der Natur

Gänseblümchen – heilsam & köstlich!

Gänseblümchen sind richtige Wunderblumen! Doch nur die wenigsten wissen, wie gesund und lecker sie sind. Als Tee wirken sie gegen Erkältungen, äußerlich aufgetragen helfen sie gegen wunde, juckende Haut. Wir verraten euch die besten Rezepte.

Gänseblümchenbrötchen

Frisch verspeist stärken Gänseblümchen die Abwehrkräfte – und schmecken sogar auf dem Pausenbrot.

▼ Wer traut sich zuerst, Gänseblümchen zu probieren?

IHR BRAUCHT

- 1 Handvoll Gänseblümchen
- ½ Brötchen
- Butter oder Margarine

Erntet Gänseblümchen nur da, wo keine Tiere laufen oder spazieren geführt werden! Vor dem Verzehr immer gründlich waschen.

▲ Für einen Wintervorrat Blüten in einem luftigen Korb sammeln und gut trocknen lassen.

Frisch vom Rasen schmeckt's ▼ am besten!

So geht's:
Streut einfach eine Handvoll frisch geernteter und gewaschener Gänseblümchenblüten auf ein halbes Butterbrötchen. Mhmmm lecker!

Wunderöl für die Haut

Ein Öl aus Gänseblümchen wirkt Wunder gegen trockene, juckende Haut.

▲ ... und vollständig mit Öl begießen.

So geht's:

Pflückt zwei Handvoll Gänseblümchenblüten und legt sie zum Trocknen auf die Fensterbank. Gebt die getrockneten Blüten in ein sauberes Marmeladenglas und übergießt sie mit dem Öl. Stellt das Glas zwei Wochen lang auf eine Fensterbank und schüttelt es täglich. Nach und nach zieht das Öl die heilsamen Wirkstoffe aus den Gänseblümchen heraus. Gießt das Öl durch ein Sieb in eine leere, gut ausgespülte Shampoo-Flasche. Fertig ist euer Hautöl!

IHR BRAUCHT

- 2 Handvoll getrocknete Gänseblümchenblüten
- 1 sauberes, leeres Marmeladenglas
- 250 ml Speiseöl (z. B. Sonnenblumenöl)
- 1 leere, saubere Shampoo-Flasche

◀ Eine Handvoll Gänseblümchen sammeln ...

Gänseblümchenpflaster

Das wirkt garantiert! Habt ihr euch die Haut aufgeschürft, so müsst ihr nur einige Gänseblümchen klein hacken oder zwischen zwei Steinen zu einem Brei zerreiben. Durch das Zerkleinern werden sofort die heilsamen Wirkstoffe freigesetzt. Einfach den Brei auf die Haut auftragen und die Wunde wird schnell wieder heilen.

◀ ... möglichst fein zerkleinern ...

▲ ... und als heilendes Pflaster auflegen!

Gänseblümchen-Löwenzahn-Pfannkuchen

Mögt ihr Pfannkuchen? Dann probiert doch einmal unseren Frühlingspfannkuchen mit Gänseblümchen und gehackten Löwenzahnblättern. Der ist lecker – und richtig gesund!

IHR BRAUCHT

- 1 Handvoll Gänseblümchenblüten
- 2 Handvoll Löwenzahnblätter
- 1 Tasse Mehl
- 1 ½ Tassen Milch
- 1 Prise Salz
- 1 Teelöffel Sonnenblumenöl
- 1 Ei
- 1 Teelöffel Butter zum Braten
- 1 Pfanne
- 1 Teigkelle

◄ Pflückt Gänseblümchen und Löwenzahnblätter, wascht sie gründlich unter fließendem Wasser und hackt sie klein.

▲ Verrührt Mehl, Milch, Salz, Sonnenblumenöl und das Ei zu einem glatten Teig und fügt zum Schluss die gehackten Wildkräuter hinzu.

▲ Zerlasst die Butter in der Pfanne und gebt ein bis zwei Kellen voll Teig hinein. Bratet euren Pfannkuchen von beiden Seiten, bis er goldgelb ist.

◄ Wenn ihr mögt, dekoriert euren Pfannkuchen noch mit Gänseblümchen. Das sieht hübsch aus und ist sehr gesund!

TIPP

Unser Pfannkuchenrezept funktioniert auch ohne Ei! Wenn ihr es lieber süß mögt, könnt ihr einen Teelöffel Zucker hinzufügen.

Gänseblümchen-Löwenzahn-Salat

Auch Löwenzahn könnt ihr roh verspeisen. Seine jungen Blätter stecken voller Vitamine und wachsen praktisch überall. Wie wäre es mit einem Salat zum Pfannkuchen?

So geht's:

Wascht Blätter und Blüten gründlich und gebt sie in eine Schale. Vermischt den Joghurt mit dem Salz und dem Öl und gießt das Dressing über den Salat. Guten Appetit!

Am besten ▲ schmecken ganz junge Löwenzahnblätter.

IHR BRAUCHT

- 1 Handvoll Gänseblümchen
- 1 Handvoll Löwenzahnblätter
- 2 Esslöffel Naturjoghurt
- etwas Salz
- 1 Teelöffel Sonnenblumenöl

Unterwegs im Kräutergarten

Kennt ihr Zitronenmelisse, Pfefferminze und Lavendel? Das sind drei Kräuter, aus denen ihr leckere Speisen, Tees und Duftkissen herstellen könnt. Probiert selbst aus, wie einfach das geht!

Wo wachsen diese Kräuter?
Ihr bekommt Pfefferminze, Zitronenmelisse und Lavendel von Frühling bis Sommer in jeder Gärtnerei. Ihr könnt sie in ein Gartenbeet pflanzen, doch auch in einem Blumentopf oder Blumenkasten auf dem Balkon gedeihen sie prächtig. Denn alle drei sind sehr anspruchslos. Ihnen genügt normale Blumenerde und alle paar Tage brauchen sie natürlich Wasser zum Trinken.

Ein sonniges Plätzchen
Je sonniger der Platz ist, an dem die Kräuter wachsen, desto stärker duften sie. Woran das liegt? Die herrlich duftenden ätherischen Öle sind für ihre Blätter eine Art natürlicher Sonnenschutz. Deshalb solltet ihr sie möglichst immer an sonnigen Tagen ernten.

Lavendel ist eine ▶ schön blühende Parfum- und Gewürzpflanze.

◀ Pfefferminze steckt in fast jedem Kaugummi. Sie ist eine uralte Heil- und Gewürzpflanze.

TIPP

Nach dem Ernten wachsen die Kräuter wieder nach. Aber bitte nie alle Stängel auf einmal ernten. Und nicht vergessen, regelmäßig zu gießen.

▲ Die flauschig-weichen Blätter der Zitronenmelisse duften beim Zerreiben nach Zitrone.

Pfefferminzquark

Frische Kräuter passen perfekt in einen sommerlichen Kräuterquark. Der schmeckt lecker zu Kartoffeln oder auf dem Brot.

▲ Kräuter richtig ernten …

… und fein ▶ schneiden.

IHR BRAUCHT

- 10 Blätter Pfefferminze
- 5 Blätter Zitronenmelisse
- 10 Blätter Lavendel
- 200 g Quark
- 3 Esslöffel Naturjoghurt
- 1 Esslöffel Honig
- 1 Rührschüssel
- 1 Kochlöffel
- Zum Verzieren eignen sich Lavendelblüten

So geht's:

Achtet beim Ernten der Kräuter auf beschädigte Blätter – sie werden nicht benutzt. Am besten legt ihr die geernteten Kräuter in einen Korb, damit ihr sie nicht zerdrückt.

Kräuter sollten immer frisch verarbeitet werden. Habt ihr gerade keine Zeit, so könnt ihr sie auch erst einmal einfrieren, das schadet dem Aroma nicht. Vor der Verarbeitung spült ihr die Kräuter kurz unter kaltem Wasser ab, um sie von Sand und Schmutz zu befreien. Kurz abschütteln und dann so fein schneiden wie möglich.

▼ Den Quark anmischen …

▼ … und Kräuter zufügen.

Verziert mit Blüten ▶ schmeckt's besonders gut!

Die Quarkspeise bereiten

Für die Quarkmischung gebt ihr Quark, Joghurt und Honig in eine Schale. Kräftig rühren, bis eine gleichmäßige Masse entsteht. Gebt die geschnittenen Kräuter zu der Quarkmasse und hebt sie gründlich darunter, bis alles gleichmäßig vermischt ist. Wenn ihr mögt, könnt ihr euren Kräuterquark zum Schluss noch mit essbaren Blüten verzieren. Das sieht hübsch aus und schmeckt wirklich gut. Geeignet sind hierfür die Blüten von Lavendel oder Gänseblümchen.

Erfrischender Sommertee

Die Blätter kurz unter kaltem Wasser abspülen, in eine Teekanne geben und mit kochendem Wasser übergießen. Fünf Minuten ziehen lassen und dann die Blätter herausfischen – sonst wird der Tee bitter. Der Sommertee kann mit Honig gesüßt werden. Er schmeckt auch kalt sehr lecker!

IHR BRAUCHT

- 10 Blätter Zitronenmelisse
- 5 Blätter Pfefferminze
- 5 Blätter Lavendel
- 1 Teekanne
- kochendes Wasser

▲ Das Wasser für Tee sollte immer sprudelnd kochen. Lasst euch beim Einfüllen von einem Erwachsenen helfen!

▼ Kräutertee ist ein gesunder Durstlöscher.

Schnuppert mal: Jeder Mensch empfindet unterschiedliche Düfte als angenehm! ▶

Duftkissen für süße Träume

Ein Duftkissen aus Kräutern ist ein schönes Geschenk – oder es sorgt auf eurem eigenen Nachttisch für süße Träume. Schneidet zwei bis drei Stängel von jedem eurer Kräuter. Bindet sie zu kleinen Sträußen und hängt sie zum Trocknen auf. Faltet das Stück Stoff einmal in der Mitte und näht es bis auf eine Seite zu. Hier hinein gebt ihr eure getrockneten Blätter

und Blüten. Füllt das Kissen mit etwas Filzwolle oder Füllwatte auf. Nun nur noch zunähen und fertig ist euer Duftkissen!

IHR BRAUCHT

- getrocknete Kräuter und Blüten (z.B. Lavendel, Pfefferminze, Kamille oder Rosenblätter)
- 1 Stück Stoff (ca. 10 x 20 cm)
- Nadel und Faden
- etwas Filzwolle oder Füllwatte

Füllt eure getrockneten Lieblings-kräuter in ein Duftkissen. ▼

TIPP

Ihr könnt euer Duftkissen natürlich auch mit vielen weiteren, fein duftenden Blüten und Blättern ergänzen. Wichtig ist, dass alles gut getrocknet ist, bevor ihr es in das Kissen füllt.

Wo so viele Blumen einer Art blühen, da dürft ihr ruhig einen Strauß pflücken.

So schmeckt der Sommer

Der Holunder ist ein wahrer Wunderstrauch: Aus seinen süß duftenden Blüten könnt ihr im Sommer leckeren Sirup und erfrischende Limonade mixen.
Im Herbst verwandeln sich seine Blüten dann in kleine, schwarzrote Beeren – die wichtigste Zutat für einen köstlichen Herbstpunsch
(siehe Seite 34–37).

Bitte nicht waschen!
Die Blüten des Holunders locken mit ihrem Duft viele kleine Käfer und andere Tierchen an. Schüttelt die Blüten nach dem Ernten kräftig aus, um sie davon zu befreien. Nicht waschen, da das Aroma im feinen Blütenstaub sitzt!

Holunderblüten sind winzig klein und stehen dicht gedrängt in einer duftenden Blüten-▼ dolde.

Holunderblütensirup
Aus Holunderblüten lässt sich ein leckerer Sirup herstellen. Er eignet sich sehr gut zum Verfeinern von Getränken und Süßspeisen.

IHR BRAUCHT

- 2 Biozitronen
- 20 Holunderblüten
- 1 l Wasser
- 1 kg Zucker
- 50 g Zitronensäure (gibt es in der Apotheke und in Drogerien)
- 1 Kochtopf
- 1 großes, verschließbares Glas
- 1 großes Küchensieb
- Küchenpapier
- leere, saubere und verschließbare Flaschen

▲ Achtet darauf, dass Zitronen und Holunder mit Flüssigkeit bedeckt sind!

So geht's:

Wascht die Zitronen und schneidet sie in Scheiben. Gebt Zitronenscheiben und gesäuberte Blüten in das Glas. Nun erwärmt ihr Wasser, Zucker und Zitronensäure im Kochtopf, bis sich alles aufgelöst hat. Gießt das Gemisch über die Holunderblüten und die Zitronenscheiben. Drei Tage bei Raumtemperatur ziehen lassen und dabei einmal täglich umrühren. Legt Küchenpapier in das Küchensieb und gießt den Sirup hindurch. Kocht ihn einmal kurz auf und füllt ihn dann in die sauberen Flaschen. Im Kühlschrank ist der Sirup ein Jahr lang haltbar.

Holunderlimo

Das geht im Handumdrehen: Gebt einen kräftigen Schluck Holunderblütensirup in ein Glas, evtl. Eiswürfel dazu und füllt das Glas mit sprudelndem Mineralwasser auf. Mit einer Zitronenscheibe verzieren – fertig ist euer ganz persönlicher Sommerdrink!

IHR BRAUCHT

- 1 Esslöffel Holunderblütensirup pro Glas (siehe Rezept auf Seite 21)
- Wasser oder Mineralwasser
- Zitronenscheiben von ungespritzten Zitronen
- evtl. Eiswürfel

IHR BRAUCHT

- 2 Eier
- 200 g Mehl
- ¼ l Milch
- 1 Esslöffel Zucker
- 10 Holunderblüten
- 1 Schneebesen oder
  1 Rührgerät
- 1 Pfanne
- 1 Grillzange
- Öl zum Ausbacken

Holunderküchle

Aus Holunderblüten könnt ihr nicht nur leckere Getränke zubereiten, sondern auch feines Gebäck. Probiert es selbst!

So geht's:

Vermischt Eier, Mehl, Milch und Zucker zu einem glatten Teig. Erhitzt dann etwas Öl in der Pfanne. Taucht eine Holunderblütendolde kurz in den Teig und lasst sie abtropfen. Legt sie in die Pfanne mit dem heißen Öl und backt sie von allen Seiten, bis sie knusprig braun ist.

◄ Blütendolden in Teig tauchen ...

◄ ... und knusprig braun backen.

ACHTUNG

Heißes Fett kann spritzen. Lasst euch beim Backen von einem Erwachsenen helfen!

◄ Am besten noch warm verzehren!

Süße Beerenträume

Im Juli und August sind an Wald- und Wegesrändern die wilden Erdbeeren und Himbeeren reif. Erdbeeren wachsen tief unten am Waldboden, Himbeeren hängen an buschigen Ranken. In Schweden backen die Kinder sonntags nach dem Waldspaziergang daraus feine Früchtebrötchen. Wir verraten euch das Rezept!

ACHTUNG

Auch wenn es sehr verlockend ist, solltet ihr die Früchte nicht sofort verzehren, sondern immer erst nach sehr gründlichem Waschen. Besonders Früchte, die am Boden wachsen, könnten mit Eiern des Fuchsbandwurms verunreinigt sein. Wer wirklich sicher sein will, kocht die Früchte vor dem Essen.

Wilde Erdbeeren ▶ und Himbeeren sind viel kleiner als die aus dem Supermarkt. Dafür schmecken sie aber süßer und intensiver – ihr braucht also nicht so viele davon.

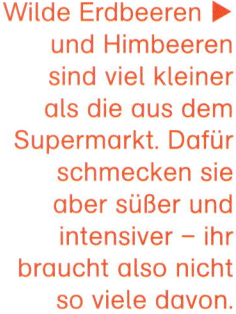

Wo wachsen die süßesten Früchtchen?

Wer unter euch findet die meisten Wildfrüchte? Schaut besonders an Waldrändern und auf Lichtungen. Dort lohnt sich die Suche eigentlich immer, weil die Früchte hier besonders viel Sonne zum

AUFGEPASST

- Pflückt nur Früchte, die ihr wirklich kennt!
- Bevor ihr Früchte aus der Natur probiert, zeigt sie immer einem Erwachsenen!
- Pflückt keine Früchte an befahrenen Straßen oder in „Hundepipi-Höhe"!
- Vor dem Essen die Früchte gut abwaschen!

TIPP

Eimerchen zum Transportieren der Früchte nicht vergessen!

Reifen tanken konnten. Wildfrüchte stecken übrigens voller Vitamine. Ihr solltet sie immer vorsichtig transportieren und möglichst bald verarbeiten, da sie schnell vermatschen und nicht lange haltbar sind.

Gute Augen ▶ und etwas Geduld sind zum Ernten wilder Früchte nötig!

Sommerfrüchtebrötchen

Frische Früchte lassen sich wunderbar in Brötchenteig einbacken. Das geht schneller als ein Kuchen und schmeckt toll fruchtig! Reife Früchte erkennt ihr daran, dass sie sich ganz einfach von der Pflanze ablösen lassen. Geht das nicht, so lasst sie lieber hängen, sie müssen dann noch nachreifen.

Übrigens funktioniert unser Rezept auch mit Vollkornmehl. Wird der Teig damit zu fest, einfach ein paar Esslöffel Milch zugeben. Besonders lecker schmecken die Brötchen zu einem Tee aus selbst gesammelten Kräutern (Rezept Seite 18).

IHR BRAUCHT

- 300 g Himbeeren oder Erdbeeren
- 500 g Mehl
- 1 Esslöffel Backpulver
- ½ Teelöffel Salz
- 75 g klein geschnittene Butter
- 200 ml Milch
- 100 ml Wasser
- 1 Rührschüssel
- Backblech und Backpapier

1

▲ Vermischt Mehl, Backpulver, Salz und Butter zu einem krümeligen Teig.

2

▲ Nun gebt ihr Milch und Wasser hinzu. Knetet den Teig kurz durch.

3

◄ Jetzt werden die Früchte in den Teig gegeben. Besonders lecker ist es, wenn ihr die Früchte ordentlich hineinknetet.

Formt 20 kleine Brötchen aus dem Teig und setzt sie auf ein gefettetes ▼ Backblech oder auf Backpapier.

4

5

Eine halbe Stunde bei 175 °C backen. ▶ Die leckeren Brötchen können warm oder kalt gegessen werden.

Apotheke am Wegesrand

Urvölker wie die Indianer mussten gut über Heilpflanzen Bescheid wissen. Denn eine Apotheke gab es bei ihnen nicht. Die brauchten sie auch nicht, denn alles, was sie benötigten, fanden sie gleich nebenan in der Natur! Ihr glaubt, das könnt ihr nicht? Es ist viel einfacher, als ihr denkt!

Spitzwegerich: Indianerpflaster und Hustenmedizin

Der Spitzwegerich ist sehr häufig und wächst praktisch an jedem Wegesrand – sogar in der Stadt. Doch kaum einer weiß, was für eine tolle Heilpflanze er da übersieht! Es gibt praktisch nichts Besseres gegen blutige Wunden, Stiche und sogar gegen Husten.

STECKBRIEF

Blütezeit: Mai bis Oktober
Typisch: lange, spitze Blätter
Hier findet ihr ihn: an Wegesrändern
Hilft gegen: blutende Wunden, Stiche und (als Tee oder in Honig) Husten
Das sammelt ihr: Blätter

Ihr könnt die Blätter auch zwischen Steinen ▼ zerquetschen.

Wächst mit ▶ spitzen Blättern an Wegesrändern: der Spitzwegerich.

Kühlendes Pflaster

Zerquetscht drei Blätter und legt den Brei auf die betroffene Stelle. Umwickelt die Stelle wenn möglich noch mit drei bis vier Blättern und knotet zum Befestigen einen Grashalm drum herum. Schmerz und Juckreiz verschwinden und Wunden heilen viel schneller.

▲ Ein Honig aus Spitzwegerich muss drei Monate unter der Erde ruhen.

Erdkammersirup

Wegerichhonig hilft toll gegen Husten! Zupft eine Handvoll Blätter klein und schichtet sie abwechselnd mit flüssigem Honig in ein Marmeladenglas, bis das Glas voll ist. Nun grabt ihr ein 50 Zentimeter tiefes Loch und lasst den Honig drei Monate darin ruhen. Anschließend grabt ihr ihn aus und träufelt ihn durch ein Sieb in ein sauberes Marmeladenglas. Den Honig kühl aufbewahren. Er hält den ganzen Winter über. Schmeckt lecker im Tee oder auf Brot.

Beifuß: Des Wanderers Freund

Die ältesten Naturvölker Europas und sogar die Griechen und Römer schätzten ausgerechnet den unscheinbaren Beifuß als eine ihrer mächtigsten Zauberpflanzen. Und das Beste: Da er fast überall wächst, ist er heute noch als wilde Wiesenapotheke sehr gut zu gebrauchen!

STECKBRIEF

Blütezeit: Juli bis August

Typisch: Blätter von unten weißfilzig

Hier findet ihr ihn: an Wegesrändern und auf Wiesen

Hilft gegen: müde, schmerzende Füße

Das sammelt ihr: Blätter, Blüten und Wurzeln

Unscheinbar, graugrün und struppig wächst der Beifuss an fast jedem Wegesrand.

„Bist du schlecht zu Fuß, nimm Beifuß!" sagt ein altes Sprichwort. Tatsächlich wirkt der Beifuß mit seinen heilsamen, ätherischen Ölen erfrischend auf müde Füße.

Nie mehr schmerzende Füße

Tun eure Füße weh vom vielen Wandern? Als Erste Hilfe für unterwegs einfach einige Blätter abzupfen und unter die Fußsohle in den Schuh legen – das macht eure Füße garantiert wieder munter. Vergesst nicht, einige Blätter mit nach Hause zu nehmen: Ein Fußbad nach der Wanderung wirkt wahre Wunder! Füllt einen Kochtopf mit zwei Litern Wasser, fügt reichlich Beifußblätter hinzu und lasst den Sud zehn Minuten köcheln. Etwas abkühlen lassen und durch ein Sieb ins Fußbad geben.

▲ Das kühlt, erfrischt und lindert auf langen Wanderungen!

STECKBRIEF

Blätter: große Blätter, die aussehen wie Hände – nur viel größer!

Typisch: Kastanienfrüchte, die in einer grünen stacheligen Hülle stecken

Das sammelt ihr: reife Kastanien

Sammelzeit: September/Oktober

▲ Fühlt mal: Frisch vom Baum gefallene Kastanien sind wunderbar glatt und weich.

Das wärmt

Füllt einfach einen kleinen Kissenbezug mit den getrockneten Kastanien. Habt ihr Bauchweh oder kalte Füße, so legt das Kissen 20 Minuten lang bei 150°C in den Backofen und legt es auf die betreffende Stelle eures Körpers. Kastanien sind in der Lage, Wärme zu speichern und nach und nach abzugeben. Das tut unglaublich gut.

Kastanien gegen Bauchweh

Sammelt ihr auch so gern Kastanien? Dann solltet ihr in diesem Herbst unbedingt einen kleinen Eimer voll Kastanien auf eurer Fensterbank in der Sonne trocknen lassen. Denn Kastanien sind ein altes, bewährtes Hausmittel gegen Bauchweh.

▲ Ein Wärmekissen aus Kastanien ist ruck, zuck fertig!

- 10 Kastanien
- 1 großes, leeres Gurkenglas oder eine Glasschüssel
- 1 l Leitungswasser
- 1 Nussknacker
- 1 Messer
- 1 Brettchen

◀ Kastanienseife macht Hände sauberer und weicher als jede herkömmliche Seife!

Naturseife aus Kastanien

Unsere Kastanienseife säubert und pflegt gleichzeitig – und ist dabei ganz leicht herzustellen: Zuerst knackt ihr die harte, braune Schale der Kastanien wie bei einer Nuss. Innen kommt der helle Kastanienkern zum Vorschein. Er ist ungefähr so hart wie das Innere einer Nuss. Schneidet die hellen Kerne in möglichst kleine Stücke, gebt sie in ein Glas und übergießt sie mit Wasser. Das Wasser färbt sich sofort gelblich und wenn ihr mit den Händen kräftig rührt, entsteht Schaum. So macht Händewaschen Spaß!

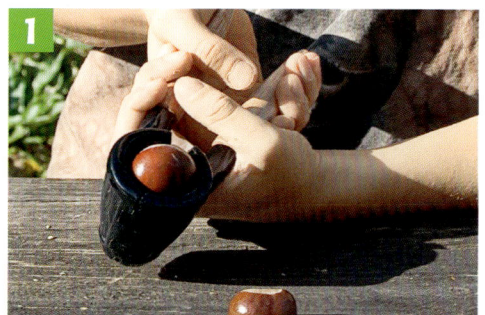

◀ Kastanien knacken ...

▼ ... klein schneiden ...

... und mit Wasser übergießen. ▶

Das wärmt: köstlicher Herbstpunsch

Ab Mitte August ist es endlich so weit. Aus den klitzekleinen Blüten des Holunderstrauchs sind lauter kleine, schwarzrote Beeren geworden. Sie sind ebenso schmackhaft und gesund wie der Sirup aus seinen Blüten (siehe Seite 20/21). Wir verraten euch, wie ihr ganz einfach einen wunderbar wärmenden Herbstpunsch zubereiten könnt. Der stärkt eure Abwehrkräfte und schmeckt einfach unvergleichlich!

Holunderbeeren sind reif, wenn sie tief schwarzrot sind und fast von allein ▼ abfallen.

So sehen die Beeren aus

Holunderbeeren sind praktisch unverwechselbar. Es hängen immer ganz viele, schwarzrot glänzende Früchte in einer dichten Dolde zusammen. Jede einzelne Frucht ist kleiner als eine Erbse. Riecht mal an den Holunderblättern: Sie stinken!

ÜBRIGENS...

In manchen Gegenden sagt man statt „Holunderbeeren" auch „Fliederbeeren" – gemeint ist ganz genau das Gleiche!

Schneidet die ganze Dolde

Zum Ernten braucht ihr einen Eimer und eine Schere. Mit der Schere schneidet ihr am besten immer die ganze Dolde ab. Jede Frucht einzeln zu pflücken ist viel zu mühsam! Da zerquetschte Holunderbeeren ganz schön färben, solltet ihr zum Ernten lieber alte Sachen anziehen.

▲ Da die kleinen Holunderbeeren immer in dichten Dolden zusammen wachsen, sind sie schnell geerntet.

Fleißig „stribbeln"

Um die Beeren von der Dolde zu trennen, gibt es einen einfachen Trick: Durchstreift einfach die Dolde mit einer Küchengabel – so lösen sich die Beeren ganz einfach.

IHR BRAUCHT

- ca. ½ Eimer voll Holunder-beeren (Eimer und Schere zum Ernten nicht vergessen)
- Wasser
- 3–4 Äpfel
- ½ Teelöffel Zimt
- 1 Esslöffel Zucker
- 1 Kochtopf
- 1 Sieb
- 1 Kochlöffel

So geht's:

Füllt die Holunderbeeren in einen Kochtopf und gießt Wasser hinzu, bis die Früchte bedeckt sind. Schneidet die Äpfel in Scheiben und gebt sie mit dem Zimt und dem Zucker in den Topf. Köchelt den Punsch zehn Minuten auf kleiner Flamme. Nun müsst ihr den fertigen Punsch nur noch durch ein Sieb in Gläser füllen. Mhmmmmm ... lecker!

▲ Mit einer Gabel trennt ihr die Beeren von den Stielen.

Punsch am Lagerfeuer

Überredet eure Eltern doch mal zu einem kleinen Lagerfeuer. Hier schmeckt ein frisch gekochter Holunderpunsch besonders gut. Ihr müsst nur ein paar flache Steine um die Feuerstelle legen und einen Grillrost daraufstellen – fertig ist euer Herd!

◀ Neben dem Punschtopf könnt ihr ganz bequem ein paar Brötchen aufbacken.

◀ Das Beste am Herbst:
Ein Kinderpunsch am Lagerfeuer!

◀ Holunderpunsch lässt sich noch mit allerlei getrockneten Früchten wie Rosinen, Hagebutten oder auch mit Apfelschalen verfeinern.

Alles selbst gemacht:
Apfelchips und Apfeltrockner

Zur Apfelerntezeit im Herbst gibt es oft viel mehr Äpfel, als man überhaupt essen kann. Getrocknete Apfelchips schmecken lecker und halten den ganzen Winter über! Mit einem selbst gebastelten Apfeltrockner könnt ihr euch nach und nach einen ganzen Vorrat Apfelchips für den Winter anlegen.

IHR BRAUCHT

- 4 Bretter 40 x 15 cm, 2,5 cm dick
- 2 Zweige oder Rundhölzer
- 12 Nägel, 5 cm lang
- Holzleim
- 1 Bleistift
- 1 Handsäge
- 1 Hammer
- 1 Zange, falls mal ein Nagel krumm wird
- evtl. Wasserfarbe und Pinsel zum Verzieren

So geht's:

Zeichnet zwei Schlitze von 1,5 Zentimeter Breite auf eines der Bretter. Die Schlitze sollten jeweils etwa zehn Zentimeter vom oberen und vom unteren Rand entfernt sein. Wichtig ist, dass sie bis zur Brettmitte reichen und schräg verlaufen. Sägt nun die Schlitze ins Brett und benutzt es hinterher als Schablone für das zweite Brett. Sägt auch hier die Schlitze hinein. Diese beiden Bretter mit den Schlitzen sind die Seitenwände eures Apfeltrockners. Die anderen zwei Bretter ohne Schlitze bilden den Boden und das Dach. Am besten legt ihr euch die Bretter so zurecht, wie ihr sie danach zusammennageln müsst, und gebt etwas Holzleim auf die Verbindungsstellen. So hält nachher alles besser. Jetzt könnt ihr mit den Nägeln die Bretter zusammenhämmern. Für jede Verbindungsstelle braucht ihr drei Nägel.

◀ Schlitze aufzeichnen …

▲ … und aussägen.

TIPP

Damit die Bretter beim Nageln nicht spalten, einmal kurz und sanft mit dem Hammer oben auf die Nagelspitze schlagen!

TIPP

Gemeinsam geht es leichter: Sucht euch einen erwachsenen Helfer zum Festhalten der Bretter, während ihr sägt und hämmert.

▼ Leim drauf …

… und zusammennageln. ▶

Wenn der Rahmen für den Apfeltrockner fertig ist, müsst ihr nur noch die Rundhölzer in die Aussparungen einpassen. Dazu legt ihr je einen Zweig oder einen Rundstab in die Schlitze ein und schneidet ihn auf die richtige Länge.

Nun könnt ihr noch nach Lust und Laune euren Apfeltrockner mit Wasserfarben verzieren. Sieht er nicht toll aus? Jetzt fehlen nur noch die Apfelringe! Übrigens: Der beste Platz für euren Apfeltrockner ist auf einer halbsonnigen Fensterbank.

▲ Rundstäbe einpassen ...

▲ ... nach Lust und Laune mit Wasserfarben verzieren ...

... und fertig ist der Apfeltrockner! ▶

IHR BRAUCHT

- Äpfel
- 1 Kerngehäuse-ausstecher
- 1 kleines Küchenmesser oder 1 Apfelschäler, der dies automatisch für euch macht (gibt es im Haushaltswarengeschäft oder im Internet)

▲ Zuerst wird das Kerngehäuse entfernt.

▲ Praktisch ist so ein Apfelschäler: Er holt das Kerngehäuse heraus, schält den Apfel und schneidet ihn sogar gleich in Scheiben.

So macht ihr die Apfelchips

Entfernt die Kerngehäuse aus den Äpfeln. Schält die Äpfel und schneidet sie dann in Scheiben. Zum Schluss fädelt ihr die Apfelringe auf die Zweige und lasst sie vier bis fünf Tage trocknen. Bewahrt sie dann in einem leeren, sauberen Marmeladenglas auf. Schmeckt fruchtig-lecker im Müsli oder auch pur zum Naschen. Guten Appetit!

▼ Apfelringe auffädeln und auf der Fensterbank trocknen lassen.

Nüsse selber ernten, mahlen und rühren

Heimische Haselnüsse sind viel kleiner als ▼ die gekauften.

▲ Ab Oktober findet ihr die reifen Haselnüsse auch am Boden unter dem Haselstrauch.

Wenn im September die Haselnüsse reif sind, solltet ihr sie bald ernten – Eichhörnchen und Eichelhäher warten nur darauf, die nahrhaften Leckerbissen zu pflücken und als Wintervorrat zu verstecken.

Nuss-Schoko-Creme

Süß kann gesund sein! Unser leckeres Rezept funktioniert natürlich auch mit gekauften Haselnüssen aus dem Supermarkt!

IHR BRAUCHT

- 100 g gemahlene Haselnüsse
- 100 g Butter
- 1 Esslöffel Kakaopulver
- 1 Esslöffel Zucker
- 1 Esslöffel Honig
- 1 Päckchen Vanillezucker
- 1 Nussknacker
- 1 Handmühle oder 1 Küchenmaschine zum Reiben der Nüsse
- 1 Kochtopf
- 1 Löffel
- 1 leeres, sauberes Marmeladenglas

So geht's:
Zuerst müsst ihr die Nüsse knacken. Nun reibt ihr die geschälten Nüsse entweder mit einer Handmühle oder mit der elektrischen Küchenmaschine. Je feiner ihr die Nüsse reibt, desto cremiger wird eure Nuss-Schoko-Creme. Gebt nun alle Zutaten in einen Kochtopf und erhitzt sie auf ganz kleiner Flamme.

Zum Schluss füllt ihr die Creme noch warm in ein leeres, sauberes Marmeladenglas. Im Kühlschrank aufbewahrt ist eure Nuss-Schoko-Creme gut zwei Wochen lang haltbar. Guten Appetit!

▼ Nüsse knacken ...   ▼ ... und fein mahlen.

WISSEN

Haselnüsse spielten schon in der Ernährung der Steinzeitmenschen eine wichtige Rolle, denn sie sind nicht nur schmackhaft, sondern lassen sich auch gut über den Winter lagern. Zu ihren wichtigsten Inhaltsstoffen zählen wertvolle ungesättigte Fettsäuren, Vitamine, Magnesium, Eisen und Calcium.

WICHTIG

Die Masse soll nicht kochen. Es geht nur darum, dass Butter und Zucker schmelzen und sich alle Zutaten zu einer Creme verrühren lassen. Immer fleißig rühren, damit die Creme nicht ansetzt!

▲ Restliche Zutaten einrühren, erwärmen und die Creme in ein Glas füllen.

Fertig ist ein ▶ leckerer Brotaufstrich.

Sonnenblumenkerne wachsen in Sonnen- ▼ blumen.

▲ Mit euren Daumennägeln könnt ihr Sonnenblumenkerne ganz einfach von ihrer Schale befreien.

Nusspesto

„Pesto" kommt aus der italienischen Küche und bedeutet so viel wie „Zerstampftes". Gemeint sind damit köstliche Saucen aus zerstampften Nüssen oder Kernen, die roh zubereitet und dann kalt zu Nudeln gegessen werden. Am besten schmeckt es natürlich, wenn ihr die Zutaten selber sammelt! Dazu braucht ihr frische Walnüsse und Sonnenblumenkerne.

Im September sind im Inneren der Sonnenblume ihre Samen herangereift. Sie heißen „Sonnenblumenkerne". In einer einzigen Sonnenblume können 1000 solcher Kerne heranreifen. Ein Kern ist ungefähr 1,5 Zentimeter lang.

IHR BRAUCHT

- 50 g Walnüsse
- 50 g Sonnenblumenkerne
- 50 g Hartkäse (Parmesan)
- 150 ml Sonnenblumenöl
- etwas Salz
- 1 Nussknacker
- 1 Messer
- 1 Wiegemesser
- 1 Schüssel
- 1 Kochlöffel
- 1 Käsereibe
- 1 kleines, leeres Marmeladenglas

▼ Ist die Walnuss reif, so platzt die grüne Schale auf.

Ab Oktober ▶ findet ihr unter dem Walnussbaum die reifen Walnüsse.

▲ Walnüsse hängen im Herbst am Walnussbaum wie grüne Weihnachtsbaumkugeln.

◄ Walnüsse knacken ...

◄ ... zusammen mit den Sonnenblumenkernen klein hacken ...

So geht's:

Zuerst müsst ihr die Walnüsse mit einem Nussknacker knacken. Befreit dann die Sonnenblumenkerne mit euren Fingernägeln von ihrer Schale. Hackt nun die Walnüsse und die Sonnenblumenkerne so fein wie möglich. Als Nächstes müsst ihr den Hartkäse mit der Reibe ganz, ganz fein raspeln.

Gebt den geriebenen Käse in eine Schüssel und übergießt ihn mit dem Öl. Gut umrühren. Jetzt fügt ihr die restlichen Zutaten hinzu und rührt kräftig um – und schon ist euer Pesto fertig, denn es wird ja nicht gekocht! Füllt es in ein leeres, sauberes Glas und bewahrt es im Kühlschrank auf. Es ist etwa zwei Wochen lang haltbar.

▲ ... und den Käse reiben.

▲ Öl darübergießen ...

◄ ... und zum Schluss alle Zutaten vermengen. Das fertige Pesto wird in einem Glas im Kühlschrank aufbewahrt.